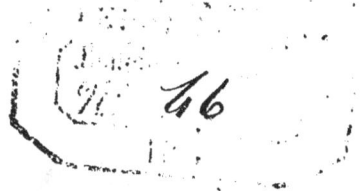

Lettre

DE

MARIANNE

AUX RÉPUBLICAINS

PAR

CLOVIS HUGUES

Ex-Rédacteur du *Peuple*, de la *République* et du *Républicain*

PRIX : 15 CENTIMES.

EN VENTE

Dans les Kiosques et chez les Libraires.

Mai 1871.

LETTRE

DE

MARIANNE

AUX

RÉPUBLICAINS

_∞_

Versailles, le 2 mai 1871.

CITOYENS,

Votre Marianne n'est plus la robuste femme au bonnet rouge que vous avez connue en 1848. Retenue à Versailles par une grave indisposition, je n'ai plus même la force d'évoquer mes grandeurs d'autrefois. Le drapeau qui m'abritait de ses plis s'est transformé en une immense carotte et c'est sous la forme d'un campagnard endimanché que l'assemblée nationale m'a fait sa première visite.

Les planteurs de choux ayant toujours eu le monopole de l'incapacité électorale, je n'ai été nullement surprise d'une aussi ridicule apparition ; il manquait un jouet à ce grand enfant qu'on désigne sous le nom de peuple français ; je lui ai donné le suffrage universel qu'il utilise de la façon que vous savez.

Pauvre mioche qui fait du bobo à maman République avec les jouets qu'elle lui procure !

* *
*

Heureusement que les royalistes ne permettront pas au parti républicain de m'escamoter au profit de la monarchie ! leur chef d'orchestre, un tout petit homme qui rappelle vaguement compère Guilleri, prête quatre-vingt-quinze fois par jour le serment solennel de me sauver et ne quitte le chevet de mon lit que pour rédiger dans le silence du cabinet des circulaires politico-médicales dans lesquelles il raconte jusqu'à quel point ma santé se rétablit.

De nombreuses personnes qui ont vécu sur les fonds-secrets de l'empire ou de tout autre caverne de voleurs m'assurent qu'il est prêt à faire pour moi le sacrifice de toutes les listes

civiles possibles et imaginables. Quelques
vieux locataires de la rue de Poitiers se de-
mandent même ce qu'il deviendrait le jour
où je ne serais plus là pour consoler sa vieil-
lesse. Ne suis-je pas l'accomplissement de
tous ses rêves ? n'est-ce pas moi qu'il cher-
chait à travers les portefeuilles ministériels
du gouvernement de Louis Philippe ? n'est-ce
pas en mon honneur qu'il faisait replacer sur
sa colonne le premier Napoléon ? n'est-ce pas
dans le seul but de me plaire qu'il a mis à la
tête d'une armée française ce brave Canrobert
qui m'a si bien sauvée en décembre 1851 ?

* *
*

M. Adolphe Thiers (c'est le nom harmo-
nieux du personnage en question) n'a passé
dans le palais des rois que la moitié de son
existence politique, ce qui parle assez haut
en faveur de ses excellentes intentions ;
aussi, ne suis-je pas encore parvenue à
m'expliquer cette froideur que montrent à
son égard certains hommes qui, comme

Victor Hugo, Esquiros et Félix Pyat, n'ont fait preuve en aucune façon de leur républicanisme. C'est à peine si ces Messieurs furent appréhendés au collet par M. Bonaparte lorsqu'il m'abandonna pour voler à de nouvelles amours ; c'est à peine s'ils ont, dans la suite, continué, pendant vingt ans, sur la terre étrangère, l'œuvre de régénération un instant interrompue par le coup d'Etat.

Leur peu de mérite ne les empêche pas de crier à la trahison lorsqu'ils voient M. Thiers encombrer toutes ses préfectures d'orléanistes ou autres républicains de la même farine.

Quels cris de paon éffaré ne pousseraient-ils pas si je leur tenais tout-à-coup ce langage aussi fleuri que plein de logique : Messieurs les proscrits, je ne vous dirai pas que vous m'ennuyez souverainement ; je ne vous dirai pas que vos belles théories m'agacent les nerfs ; je ne vous dirai pas que vous êtes d'affreuses ganaches ; je suis trop bonne fille pour vous exprimer aussi

crûment mon intime penséee; mais, ce qu
je ne vous déguiserai pas plus longtemps,
c'est la résolution que j'ai prise de vivre
éternellement dans les bras de mon Adolphe :
les républicains m'ont toujours perdue depuis Napoléon qui vit de ses rentes en An-
gleterre jusqu'à Gambetta qui prend des
bains en Espagne. Veûillez donc, grâcieux
martyrs de ma cause, laisser aux partis
royalistes le soin de mon salut. Ne travail-
lent-ils pas à la consolidation de l'édifice
démocratique sous la surveillance auguste
de mon favori qui, pour n'avoir pas écrit les
Châtiments n'en a pas moins célébré les
gloires de la monarchie constitutionnelle ?

Tels sont les arguments au moyen des-
quels je voudrais imposer silence aux enne-
mis de mon Adolphe, qu'ils s'appellent
Garibaldi ou Victor Hugo, qu'ils aient été
sifflés ou applaudis par cette majorité toute
dévouée à ma cause.

Il est avéré aujourd'hui que Garibaldi n'a mis son épée au service de la France que pour renverser les institutions républicaines et si le passé d'un homme répond de son avenir, combien ne dois-je pas me défier de ui, après les guerres qu'il a soutenues contre le pouvoir temporel du pape ?

Infortunée Marianne ! Sous quel cyprès du cimetière Lachaise serais-je couchée si l'Assemblée nationale venue au monde sous le régime des canons prussiens ne m'avait tendu sa main loyale ! Que d'amis retrouvés dans son sein, Cathelineau, Dufaure, Casimir Perrier et tant d'autres dont le nom est gravé dans tous les cœurs Français ! Mais, combien encore qui auraient protégé la République et qui n'ont pas volé à son secours !

Où êtes-vous, Emile Ollivier, patron des hommes politiques fidèles à leurs convictions ?

Où êtes-vous, Rouher, type de la moralité ministérielle ?

Où êtes-vous, honnêtes gens dont les honteuses capitulations ont préparé, comme à dessein, l'avènement de la République ?

J'ai été si souvent trompée que je voudrais voir se grouper autour de moi tous les amis que je possède dans les cinq parties du monde civilisé ou barbare.

Adolphe me disait hier encore :

« Vois-tu, Marianne, il ne s'agit pas de se laisser compter fleurette par le premier venu ; comme toutes les femmes dont le cœur s'ouvre trop facilement tu as eu des malheurs. Que de fautes auraient été évitées si à chaque déclaration d'amour trop incendiaire tu avais répondu par une paire de soufflets ! La vie est remplie d'écueils : je ne parle pas des épines où s'accrochent plus d'une robe d'innocence. »

Les aventures n'ont pas manqué à mon

existence, et Adolphe devenu mon docteur
mêle avec raison à ses ordonnances quelques réflexions sur la fragilité de mon tem-
pérament politique. Je n'ai pas oublié par
quels applaudissements fut saluée mon apparition en 1848; je n'ai pas oublié aussi
quelle fusillade retentit d'un bout de la
France à l'autre lorsque Bonaparte cracha
sur le serment qu'il m'avait prêté à la face
de l'Europe. Le clergé, qui avait béni les fa-
meux arbres de liberté, célébra sur toutes les
gammes du chant grégorien les louanges du
gouvernement décembriste; on cria du haut
des chaires soi-disant apostoliques que j'a-
vais travaillé au renversement de la famille,
de l'ordre et de quantité d'autres choses
respectables; certains bateleurs de bas-étage
allèrent jusqu'à dire que j'avais essayé de
faire main basse sur les caisses privées ou
publiques et que le fils d'Hortense avait dû
rompre ses engagements avec moi à cause
seulement de mes penchants au vol, à la
boisson et à la coquetterie. Tous les Pères
Tissié de France et de Navarre racontèrent

sur mon compte à l'oreille des mères de famille une foule d'histoires à faire peur aux
enfants ; Barbe-Bleue fut dépassé de quinze
kilomètres ; les vieilles femmes ne parlèrent
de moi qu'avec la terreur d'une nonne occu-
pée à commettre un péché mortel ; afin de
ne pas en perdre l'habitude, on massacra, ça
et là, quelques républicains et le tour fut
joué à cette brave Marianne qui ne cherche
querelle à personne et qui n'oserait pas même
bombarder une ville française.

* *

Comment allais-je reconstituer le bataillon
sacré de la République ? La presse était mu-
selée, la tribune baillonnée, les consciences
vendues, les prisons encombrées, deuil et
misère, silence et trahison dans la famille
comme dans la société.

Vainement m'étais-je recommandée à tous
les saints et saintes du paradis ; les paysans
qui ressemblent aux phoques de la foire St-
Lazare avec cette différence qu'ils disent :

oui au lieu de dire : papa essayèrent de m'é-
touffer complètement sous les marmites plé-
biscitaires de M. de la Roquette.

Quelques temps après, Bonaparte partait en
guerre, accompagné de son moutard que
l'histoire a déjà surnommé l'*Enfant de la
balle*. Ne reculant devant aucune des lâche-
tés que tout individu couronné est capable de
commettre, tremblant dans sa peau en pré-
sence du moindre canon Krupp, il ne tarda
pas à livrer son épée à ses amis nos enne-
mis; Sedan compléta Boulogne ; l'assassin se
doubla du trembleur et la main qui avait tué
des femmes dans les rues de la capitale ne
sut pas dompter l'étranger sur le sol de la
patrie.

La petitesse du triste sire m'avait grandie
aux yeux de la France et, le 4 septembre, je
reprenais ma place dans le monde. A quelles
brusques désillusions ne me suis . . . . ur-
tée depuis ce jour qui me présag a tant de
gloire ! Les Républicains se sont armés contre
moi; Paris a refusé de recevoir dans ses
murs l'Assemblée nationale, fabriquée sous

la haute surveillance de M. de Bismark, et
nul n'ignore aujourd'hui que j'aurais suc-
combé misérablement si je n'avais deviné à
travers les lunettes de l'ancien ministre de
Louis-Philippe son intention de m'arracher
aux abîmes. La Révolution mettait sur pied
quatorze armées de héros en haillons ; M.
Thiers dirige contre l'insurrection parisienne
la plus belle armée que la France ait jamais
possédée.

*
* *

On trouve dans ses rangs un heureux
mélange de cocardes ; ici, Cathelineau serre
la main de Canrobert ; là, un zouave ponti-
fical distribue à des soldats de la ligne des
médailles de Notre-Dame-de-la-Salette ; plus
loin, un ancien sergent de ville explique à
un breton les avantages du casse-tête sous
un régime Républicain. On m'assure même
qu'au lever du soleil le terrain de manœu-
vres examiné de loin donne quelque idée
d'un champ de coquelicots, tant il est par-

semé de gendarmes aux couleurs voyantes.
Je ne me suis pas encore assurée du fait ;
mais, je me propose de visiter mes loyales
troupes de Versailles, aussitôt que ma mo-
diste m'aura rapporté mon bonnet phrygien
que nous avons tant soit peu chiffonné, l'autre
jour, avec un membre de la majorité.

* * *

Vous le voyez, messieurs les républicains,
je commence à m'émanciper ; je commence
à comprendre que vos caresses ne valent pas
les gros baisers d'un rural en frais d'amour.

Toutefois, comme il me serait très-difficile
de vous garder rancune, je ne vous en ap-
prendrai pas moins quelles rumeurs étranges
arrivent jusqu'à moi.

Quelques feuilles mal pensantes qui n'ont
pas encore été supprimées mettent en doute
la fidélité que M. Thiers professe à mon égard.
A les entendre, il courtiserait en tapinois
une matrone cassée par l'âge, digne tout au
plus de figurer dans un musée d'antiques,

n'ayant des grâces d'autrefois qu'un stérile souvenir et portant le nom effrontément ridicule de Monarchie ou Royauté. Je suis loin de croire que mon Adolphe ait préféré l'hiver au printemps, le bon au mauvais grain, la monarchie à moi qui suis la République ; je n'admets pas qu'il ait oublié à ce point les promesses qu'il m'a faites du haut de la tribune et cependant, il saigne, le cœur de la Marianne, à la seule pensée d'une aussi basse trahison.

Certes, je ne suis pas une mijaurée : mille fois j'ai secoué les grelots de la folie ; mille fois, mon front s'est reposé sur des épaules différentes ; mais, je le déclare hardiment, sous l'apparence d'une légèreté coupable, j'ai conservé une âme sans souillure. La monarchie, au contraire, s'est traînée dans toutes les fanges et il n'y a pas de peuples dont elle n'ait bu le sang. La corruption est son aliment, l'infamie, l'air qu'elle respire. Toutes les fois qu'un père de famille rentre au logis, n'ayant pour ses enfants ni le morceau de pain qu'ils réclament, ni le mot d'espoir qu'ils désirent, toutes les fois qu'une jeune fille arrête par son manteau, la nuit, un passant qu'elle ne connait pas, toutes les fois qu'un affamé se transforme en bandit, à qui la faute, si ce n'est à la monarchie qui bat monnaie avec la sueur du pauvre monde, écrase l'atelier sous le palais, le penseur sous le prêtre, le travail sous le capital, le bras qui travaille sous le bras qui tue ?

Parlez de la monarchie à l'histoire française et elle vous racontera les sanglants épisodes de 1815,

Parlez de la monarchie à la conscience universelle et elle vous répondra : Esclavage et misère.

Parlez de la monarchie à la France d'aujourd'hui et elle vous dira : « Les amis de César se sont partagé mes dépouilles ; la trahison, ce serpent nourri dans les cours, s'est dressée sous chacun de mes pas ; la victoire a déserté mes camps ; l'étranger m'a mis le pied sur la gorge et je n'ai pas encore lavé la flétrissure que vingt ans de despotisme ont laissée à mon front.»

Républicains, ce sont les royalistes, partisans du mensonge, qui jurent aujourd'hui de sauver le gouvernement de la justice et de la vérité !

J'ai essayé de vous persuader que ma confiance en eux est pleine et entière. Vous avez fait semblant de croire à mes paroles ; car, vous savez que je suis l'incarnation du peuple et que je manie comme lui l'arme souvent terrible de l'ironie politique. Marianne a plaisanté ; la République va parler.

Peuple, n'accuse que toi-même des trahisons qui s'organisent autour de toi.

Le besoin que tu éprouves d'abandonner ta souveraineté au premier bavard qui te jette une phrase sonore, les ovations que tu fais aux danseurs de corde de la politique, prêts à cabrioler devant tous les pouvoirs, les applaudissements que tu donnes à d'insipides avocassiers à la recherche d'un portefeuille, te caressant à l'heure du triomphe, t'abandonnant à l'heure du danger, la naïveté avec laquelle tu tombes dans tous les piéges me mettent en péril et te déshonorent.

J'ai revé l'émancipation du prolétaire et voilà que les favoris de la fortune se sont assis au banquet de la République.

J'ai rêvé la famille rayonnante et voilà que le deuil et la misère sont entrés sous le toit du travailleur.

J'ai revé la loyauté politique et voilà que des monarchistes, sous le nom d'amis de l'ordre, se sont déguisés en républicains.

Peuple, tu as marché vers la lumière sans te soucier des obstacles ; dès le premier jour tu as appelé à toi la liberté, l'égalité, la fraternité, comme si la réaction avait cessé de te disputer la victoire; dès le premier jour, tu as cru possible l'alliance avec toi des divers partis monarchistes.

En vain, l'expérience de 1848 s'est-elle

dressée devant toi avec son cortège de ser-
ments foulés aux pieds ; en vain t'ai-je
montré les protestations de dévouement
aboutissant à des coups d'Etat, les pontons
chargés de victimes républicaines, la fusillade érigée en principe, le droit égorgé, la
trahison couronnée, la justice morte.

Je t'ai crié : « Prends garde à toi ! »

Tu m'as répondu : « Je veille sur ma souveraineté ! »

Pauvre souveraineté !

Des hommes sont venus qui ont mis un
bandeau sur les yeux du peuple, qui se sont
fait un piédestal de son ignorance et qui
l'ont impitoyablement marqué au fer rouge
du mépris.

Des hommes avaient promis de me dé-
fendre qui, à cette heure, ont déserté ma
cause.

Sont déserteurs ceux qui après avoir juré
de sceller de leur sang la loi démocratique,

ne savent plus même aujourd'hui protester contre l'abus de la force.

Sont déserteurs ceux qui hésitant entre Paris et Versailles, n'osent arborer ni le drapeau de la Commune, ni le haillon blanc de Cathelineau.

Sont déserteurs ceux qui croient que la République a dit son dernier mot, que nous sommes vaincus, que la monarchie triomphe et que M. Thiers est son ministre.

* * *

Déserteurs de la République à votre poste !

La déesse au bonnet rouge n'a pas encore épuisé les traits qu'elle dirige contre les conspirateurs monarchiques ; la grande Marianne au cœur d'airain ne s'est pas encore agenouillée devant les organisateurs de la trahison ; les espérances des partis royalistes ne feront pas que les droits du peuple soient escamotés, si vous voulez vous grou-

per encore, fermes et résolus, autour de votre chère République !

Déserteurs de la République à votre poste
et croyez toujours à la sincère affection de
votre

MARIANNE.

Pour copie conforme :

CLOVIS HUGUES.

Marseille. — Imprimerie Clappier, rue Saint-Ferréol 27.

www.ingramcontent.com/pod-product-compliance
Lightning Source LLC
Chambersburg PA
CBHW061806040426

42447CB00011B/2512

9782019575205